Dorothea's Eyes: Dorothea Lange Photographs the Truth

Text copyright © 2016 by Barb Rosenstock

Illustration copyright © 2016 by Gerad DuBois

All rights reserved.

This Korean edition was published in 2017 by BookInFish
by arrangement with Boyds Mills Press, an imprint of Highlights Press, Inc.
and Highlights for Children International, Inc. and Icarias Agency.

Korean translation © 2017 by BookInFish Publishing Co.

이 책의 한국어판 저작권은 Icarias Agency를 통해
Boyds Mills Press와 독점 계약한 책속물고기에 있습니다.
저작권법에 의하여 한국 내에서 보호를 받는 저작물이므로
무단 전재와 무단 복제를 금합니다.

기록하는 사진작가 도로시아 랭

진실을 보는 눈

바브 로젠스톡 글
제라드 뒤부아 그림
김배경 옮김
최종규('사진책도서관 숲노래' 지기) 추천

책속물고기

도로시아는 눈이 남달랐어요.
잿빛이 도는 초록 눈동자로
다른 사람은 보지 못하는 세상을
볼 수 있었거든요.

도로시아는 미국 뉴저지 주에 있는 어느 마을에서 태어났어요.
작은 집들이 옹기종기 모인 마을이었지요.
도로시아는 어릴 때부터 얼굴을 좋아했어요.
뺨이 둥그런 엄마와 턱이 모난 아빠,
입술이 오므라든 할머니,
콧방울이 도톰한 동생까지
가족 얼굴을 가만히 지켜봤지요.

**얼굴을 보노라면,
그 사람을 껴안는 느낌이 들었어요.**

일곱 살이 되었을 때 도로시아는 큰 병에 걸렸어요.
온몸이 욱신거리고 뜨거워져서 꼼짝도 하지 못했지요.
의사 선생님이 살펴보고는 무서운 말을 했어요.
"소아마비구나. 자칫하면
몸을 움직이지 못할 수도 있겠어."

병은 나았지만, 도로시아는 오른쪽 다리를
제대로 쓸 수 없었어요.
아이들은 절뚝거리는 도로시아를 놀려 댔지요.
도로시아는 꼭꼭 숨고 싶었어요.
그래서 **보이지 않는 사람**이 되기로 했지요.

뉴욕으로 가는 배

도로시아는 언제나 숨죽이며 지냈어요.
부모님이 다툴 때도, 아빠가 집을 나갔을 때도요.
엄마는 뉴욕 공립 도서관에서 일했고,
도로시아는 뉴욕에 있는 학교에 다녔어요.
두 사람은 날마다 배를 타고 집과 뉴욕을 오가야 했지요.

배 타는 곳

도로시아는 학교가 끝나면 엄마 일이 끝나길 기다리면서
거리에 늘어선 집들을 들여다봤어요.
아버지들은 거리에서 물건을 팔다가 집에 돌아와 신문을 봤어요.
어머니들은 낡은 개수대에서 설거지를 한 다음 아기도 씻겼지요.
도로시아는 **_보이지 않는 사람_**이 되어 거리를 돌아다녔어요.
그래야 사람들을 더 잘 볼 수 있었거든요.
사람들이 살아가는 모습을 살피다 보면
즐거운지 서글픈지도 보였지요.

그렇게 도로시아는 눈과 마음으로 사람들을 지켜봤어요.

도로시아는 고등학교를 마칠 즈음
엄마와 외할머니한테 꿈을 말했어요.
"저는 사람들을 찍는 사진작가가 되려고 해요!"
모두들 깜짝 놀랐어요. 그리고 도로시아를 걱정했지요.
"낯선 사람들을 찍겠다니, 너무 위험해. 무거운 사진기는
어떻게 들고 다니려고? 아가씨답지 못한 짓이야!"

도로시아는 스스로 본 세상을
다른 사람한테도 보여 주고 싶은 마음뿐이었지요.
열여덟 살이 되었을 때 여러 사진관을 찾아다녔어요.
다리를 절뚝이면서도 그만두지 않았고,
드디어 어느 사진관에서 일할 자리를 얻었지요.
도로시아는 마냥 신이 났어요.

도로시아는 사진관에서 일하다가 낡은 사진기를 얻었어요.
사진기를 살피며 혼자서 사진을 배웠지요.
닭장을 고쳐서 암실도 꾸몄어요.
암실은 필름에서 사진을 찾는 어두운 방이에요.
암실로 빛이 들어오지 않게 막고,
기계와 약품을 살살 다루었지요.
도로시아는 약품에 젖은 사진 종이를 들여다봤어요.
사진 종이가 마르면서 사진기로 찍은 얼굴이
천천히 드러났지요.
도로시아는 사람들 얼굴이 참 좋았어요!

도로시아는 쉬지 않고 새로운 곳을 찾았어요.
스물세 살에는 세계 여행을 떠나기로 마음먹었지요.
먼저 미국 곳곳을 돌아다녔는데, 샌프란시스코에서
돈을 몽땅 도둑맞았어요. 그 바람에 샌프란시스코에 머물러야 했고,
사람 사진을 찍는 사진관을 열었지요.

도로시아는 사진기 뒤에 서서 사람들 얼굴을
생생하게 담아냈어요. 머지않아 이름이 널리 알려졌지요.
돈을 많이 벌었고, 결혼해서 새 가정도 꾸렸어요.
겉으로는 마음 느긋하게 사는 듯이 보였지요.
그렇지만 커다란 고민이 있었어요.
'나는 왜 눈과 마음으로 사진을 찍지 않을까?'

어느 날, 도로시아는 사진관에 앉아 창밖을 내다보다가
일자리를 잃은 사람들을 보았어요.
그때 미국에서는 안 좋은 일이 벌어졌어요.
은행과 가게가 잇따라 문을 닫았고,
신문에서는 '대공황'이 왔다고 떠들어댔지요.
도로시아는 슬픔에 빠진 사람들한테서 눈을 뗄 수 없었어요.
그대로 사진기를 들고 사진관 밖 세상으로 나왔지요.
거리를 걷고 걷다가 배고픈 사람들에게
빵을 나누어 주는 곳에 이르렀어요.
빵을 기다리는 사람들 틈에서 어느 사내가
도로시아 눈에 들어왔지요.
지쳐 보이는 그 사내를 사진기에 찰칵 담았어요.

도로시아는 사진을 찍고, 또 찍었어요.
남들이 알아봐 주지 않아도 멈추지 않았지요.
도로시아는 마음이 시키는 대로 할 따름이었어요.

도로시아는 사진기를 들고 세상을 두루 살폈어요.
아버지들은 한 푼이라도 더 벌려고 들판에서 쉬지 않고 일했어요.
어머니들은 천막에서 목마르고 아픈 아이들을 돌봤지요.
어떤 가족은 먼지 폭풍으로 모든 재산을 잃고 낡은 자동차에서 살았어요.
도로시아는 절뚝거리며 배고프고 아픈 사람들에게 다가갔고,
사진에 낱낱이 담아냈어요.
세상이 등 돌린 사람들을 마음으로 되새기고 싶었지요.

"사진을 찍어도 될까요?"
도로시아가 다가간 사람들은 **보이지 않는 사람들**이었어요.
도로시아는 따뜻한 마음을 담아 말을 걸었지요.
그래서 스스로를 부끄럽게 여겼던 사람들이,
도로시아가 든 사진기 앞에서는 진실이 무엇인지 말할 수 있었어요.

사진 찍는 일은 아주 힘들었어요.
무엇보다 도로시아는 언제나 오른쪽 다리가 아팠지요.
그래도 일자리를 잃은 사람들, 배고픈 사람들, 집 없는 사람들,
세상이 보지 못하는 사람들을 찍으려고 멈추지 않았어요.
신문과 잡지에 도로시아가 찍은 사진이 하나둘 실렸어요.
도로시아가 본 세상이 사람들 눈길을 사로잡았지요.
사진을 본 정부는 가난한 부모들한테 일자리를 주고,
배고픈 아이들한테 먹을 것과 집을 주었어요.
**도로시아가 사랑을 담아 바라본 진실은
마침내 세상을 바꾼 예술이 되었지요.**

도로시아는 꾸준히 사진에 진실을 담아냈어요.
모든 사람은 소중하다는 진실, 서로가 서로를 살펴야 한다는 진실을요.

**그렇게 도로시아는 우리 모두가 마음으로
세상을 바라볼 수 있도록 도와주었어요.**

이주민 어머니, 1936년
집이 없어서 천막에 머물던 어머니와 아이들.
1930년대에 힘들었던 미국 모습을 잘 나타낸 사진.

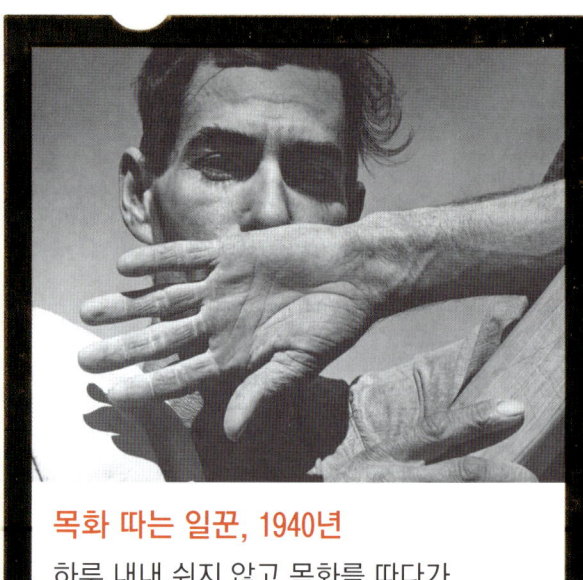

목화 따는 일꾼, 1940년
하루 내내 쉬지 않고 목화를 따다가
굳은살이 박인 손.

**미시시피 주 델타에서
흑인 아이들, 1936년**
인종 차별을 받아 어두운 얼굴들.

노예 시절을 떠올리는 여자, 1938년
힘든 일을 겪고 난 굳센 얼굴.

화이트 에인절 급식소, 1933년
먹을 것을 얻으려고 기다리는 고달픈 모습.
도로시아가 거리로 나가 처음 찍은 사진.

높은 들판에 선 여자, 1938년
희망이 보이지 않는 하루하루.

기록하는 사진작가, 도로시아 랭

도로시아 랭은 훌륭한 사진작가예요. 무엇보다 도로시아는 '다큐멘터리 사진(기록 사진)'을 널리 알리고 발돋움하도록 큰 힘이 된 분이지요. 다큐멘터리 사진이란 사실을 바탕으로 중요한 뜻이 있는 사건이나 인물을 보여 주는 사진을 말해요. 기록하는 사진작가 도로시아 랭을 만나 볼까요?

📷 다큐멘터리 사진작가가 된 발판은 무엇인가요?

도로시아 랭 내가 힘차게 활동했던 1930년대 미국은 아주 엉망이었어요. 나라 살림이 어려워서 은행과 회사와 가게가 잇따라 문을 닫았지요. 그래서 사람들은 일자리를 잃었고, 먹고살기 힘들었지요. 이 일을 '대공황'이라고 해요. 게다가 가뭄이 깊어지면서 '먼지 폭풍'이 불어닥치는 바람에 곡식과 가축이 떼죽음을 맞이했고, 많은 농민들이 땅을 버리고 다른 지역으로 가야 하는 아픔을 겪었어요.

그때 난 샌프란시스코 사진관에서 사진을 찍었어요. 그렇지만 거리에 넘쳐나는 아프고 힘든 사람들한테서 눈을 뗄 수 없었고, 그냥 가만히 있을 수 없었지요. 그대로 사진기를 들고 거리로 나가 일자리를 잃어버린 사람들, 가난한 농부들, 먼지 폭풍으로 농장을 잃고 다른 지역으로 와야 했던 슬픈 이웃들을 찍었어요. 그렇게 내 둘레에서 일어난 일들을 살피고 사진으로 기록하면서 다큐멘터리 사진작가가 되었지요.

📷 '이주민 어머니'는 세상을 바꾼 사진으로 잘 알려졌지요. 사진작가는 어떤 마음으로 사진을 찍어야 할까요?

도로시아 랭 '이주민 어머니'는 '농업안정국' 덕분에 찍을 수 있었어요. 그때 프랭클린 루스벨트 대통령이 경제를 살리려고 여러 가지 새로운 정책을 펼쳤어요. 이 가운데 농촌 경제를 살리려는 농업안정국이 있었지요. 농업안정국은 대공황과 먼지 폭풍으로 벌어진 슬프고 끔찍한 모습들을 담아서 세상에 알려 도움을 얻어야 한다고 생각했어요. 그래서 사진 작가들을 불러 모았지요. 나도 그 일을 함께하겠다고 했고, 농업안정국에서 마련한 사진작가 모임과 함께 미국 곳곳을 돌아다니며 사진을 찍었어요. 나는 굶주리고 아파하고 힘들어하는 사람들을 빠짐없이 사진기에 담고 싶었어요. 거기서 '이주민 어머니' 사진이 태어났지요. 내가 찍은 사진을 보고 세상 사람들이 힘들고 아픈 사람들에게 눈길을 두고 도왔다고 들었어요. 그저 뿌듯하고 기쁠 따름이지요. 좋은 결과가 나온 까닭은 아마도 거짓 없는 참된 마음을 담아 사진을 찍었기 때문이라고 생각해요.

한 가지 덧붙이면, 사진을 찍을 때 사람들이 나한테 눈길을 두지 않도록 해야 해요. 그래야 꾸밈없는 얼굴과 몸짓이 나오거든요. 나는 사람들이 나를 보지 않도록 하려면 어떤 얼굴을 지어야 하는지 알았어요. 내가 그 얼굴을 지으면 사람들은 나를 보지 않았어요. 사진을 찍을 때마다 그 얼굴을 지었지요.

📷 도로시아 랭한테 다큐멘터리 사진이란 어떤 뜻일까요?

도로시아 랭 나는 언제나 내 마음과 내 생각을 담아서 사진을 찍었어요. 나한테 다큐멘터리 사진이란 사람들을 움직이게 하는 사진이지요. 대공황과 먼지 폭풍으로 아프고 힘든 사람들을 있는 그대로 찍으면서도, 나는 그 사람들이 이겨 내리라는 믿음으로 사진을 찍었어요. 그래서 내 사진을 본 사람들이 아픔과 바람을 함께 느꼈고, 도움을 주고자 움직일 수 있었다고 생각해요.

제2차 세계대전이 일어났을 때에는 '일본인 강제 수용소'에 갔어요. 일본이 진주만을 공격하자 미국 정부가 미국에 사는 일본 사람들을 수용소 한 곳에 억지로 몰아넣었거든요. 나는 그 일이 옳지 않다고 생각하면서 사진을 찍었고, 사진에 그런 마음과 생각이 고스란히 담겼지요. 사람들은 내 사진을 보면서 함께 옳지 않은 일이라고 생각했을 거예요.

또한 존 스타인벡이 내가 찍은 사진을 보고 영감을 받아 『분노의 포도』를 썼다고 들었어요. 『분노의 포도』는 1930년대 경제 공황으로 어려움을 겪는 농부 가족을 그린 훌륭한 작품이지요.

그래요. 다큐멘터리 사진은 마음 없이 보이는 대로만 찍는 사진이 아니에요. 무엇을 찍을지가 아니라, 무엇을 어떻게 찍을지가 더 중요하지요. 마음과 생각을 담아야지만 살아 숨 쉬는 사진이 된답니다.

인물을 찾아보다

1895
뉴저지 주 호보켄에서 태어났어요.

1902
일곱 살에 소아마비를 앓고 나서 오른쪽 다리를 절었어요. 한동안 오른쪽 다리에 보조기를 차고 다녔고, 크기가 다른 부츠를 신고 다녔지요.

1907
아버지가 집을 나가고, 어머니, 남동생과 함께 외할머니 집에 가서 살았어요. 어머니는 뉴욕 공립 도서관에서 일하며 돈을 벌었고, 도로시아는 뉴욕 이스트사이드 구역에 있는 공립 중학교에 다녔어요.

1913
뉴욕 맨해튼 할렘에 있는 고등학교를 마치고, 사진작가가 되기로 마음먹었어요.

1914-1917
어머니가 바라는 대로 교사가 되려고 공부를 했어요. 그러면서도 사진작가 꿈을 이루려고 컬럼비아대학교에서 사진 수업을 들었고, 이름난 사진작가들이 모인 사진관에서 일했지요.

1918
친구와 함께 세계 여행을 떠나기로 마음먹고, 먼저 미국 곳곳을 돌았어요. 기차를 타고 루이지애나, 텍사스, 뉴멕시코를 거쳤지요. 그런데 샌프란시스코에서 돈을 모두 도둑맞는 바람에 발이 묶였어요. 이때 도로시아는 어머니가 결혼하기 전에 썼던 성(姓) '랭'으로 이름을 바꿨어요. 그리고 사람 사진을 찍는 사진관을 차렸지요.

1920
화가 메이너드 딕슨과 결혼했어요.

1929
역사 사건: 대공황이 미국을 덮쳤어요.

1933
샌프란시스코 거리에서 '화이트 에인절 급식소' 사진을 찍었어요.

1934
거리에서 찍은 사진들을 모아 첫 번째 사진전을 열었어요.

1935
메이너드 딕슨과 이혼하고, 경제학 교수 폴 테일러와 재혼했어요.

1935-1939
'농업안정국'이 요청해서 테일러와 함께 시골 마을을 돌아다니며 사진을 찍었어요.

1936
캘리포니아 주 니포모에서 20세기를 통틀어 가장 뛰어난 다큐멘터리 사진인 '이주민 어머니'를 찍었어요. 이 사진이 나온 뒤, 정부에서 9000킬로그램에 이르는 식량을 사진에 나온 여인이 살던 콩 농장 지역에 보내 줬어요.

1941
뛰어난 작품 활동을 인정받아, 사진 분야에서 여성 최초로 구겐하임 재단에서 지원금을 받았어요.

1941
역사 사건: 일본이 미국 진주만을 공격해 태평양 전쟁이 일어났어요.

1942
'전시재배치국'에서 일본계 미국인들을 수용소에 억지로 몰아넣는 모습들을 찍었어요.

1945-1951
1945년에 사진작가 앤설 애덤스가 추천해서 캘리포니아예술대학교 사진과 교수를 맡았어요.
그러다가 소아마비 증후군과 위궤양이 깊어져서 사진 일을 쉬어야 했어요.

1952
여러 사진 전문가들과 함께 사진 잡지「애퍼처」를 펴냈어요.

1955
뉴욕 현대미술관에서 열린 에드워드 스타이컨이 기획한 '인간 가족' 사진전에서 작품 아홉 점을 선보였어요.

1956-1957
정부가 댐을 지으면서 차츰 망가져 가는 캘리포니아 주 베릿사 계곡을 사진으로 찍어 기록했어요.

1958-1962
남편 테일러와 함께 유럽, 아시아 여러 곳을 여행하면서 사진을 찍었어요.

1965
식도암으로 세상을 떠났어요.

마음에 담을 사랑이라는 씨앗

도로시아 랭이라는 사람이 있습니다. 이웃을 따사로이 바라보기를 좋아하던 사람입니다. 다만 도로시아 랭은 '사람'일 뿐이지만, 이분이 태어나서 자라던 무렵에는 '여성'이라는 눈으로 이분을 바라보았고, '장애인'이라는 눈으로 이분을 쳐다보았어요.

오늘날에는 남성도 여성도 사진작가라는 길을 걷겠다고 얼마든지 다짐할 만합니다. 이와 달리 1910년대에는 여성이 사진작가라는 길을 걷기가 대단히 어려웠습니다. 여성은 선거권조차 제대로 누리지 못하고, '배울 권리'도 거의 누리지 못했지요.

미국에는 '마거릿 버크화이트(Margaret Bourke-White)'라는 여성 사진작가도 있습니다. 도로시아 랭하고 비슷한 무렵에 태어나 사진길을 걸은 분이에요. 이분은 '남성한테만 열린 사진길'을 열려고 무척 애썼지요. 이러면서도 사진에 담을 사람, 바로 우리 곁에 있는 사람, 그러니까 '이웃'을 사랑하는 마음을 늘 헤아렸어요.

도로시아 랭은 '여성 사진작가'이기도 하지만, '사람다운 사진작가'라는 이름이 더 걸맞다고 생각해요. 눈을 감고서 차분히 바라보면 너와 나는 모두 아름다운 숨결이라는 생각을 헤아리며 사진을 찍었거든요. 마음을 열고 마주하면 너와 나는 모두 따뜻한 사랑이라는 생각을 돌아보며 사진을 찍었지요.

대공황이 있던 무렵, 가난하거나 힘겨운 사람을 찍은 사진자가는 꽤 많습니다. 그러나 도로시아 랭처럼 '이웃으로 다가가서 사랑으로 어깨동무하려는 마음'으로 사진을 찍은 분은 드물어요. 도로시아 랭이 찍은 사진이 사람들 가슴을 울리거나 움직일 수 있던 바탕은 '마음으로 보고 마음으로 어깨동무하여 마음으로 사진기를 쥐었'기 때문이라고 느껴요. 굳이 '다큐멘터리'로 찍으려던 사진이 아니라, 우리 이웃을 눈여겨보면서 아끼는 마음으로 찍은 사진이지요. 널리 알리려고 찍은 사진이 아니라, 여기에 있는 이웃을 다른 곳에 있는 이웃이 서로 알아볼 수 있기를 바라며 찍은 사진이지요.

더 좋은 사진기가 있기에 더 좋은 사진을 찍지 않아요. 낡은 사진기를 손에 쥐었어도, 마음이 늘 새로운 사랑으로 흐를 적에 비로소 아름답구나 싶은 사진을 찍어요. 도로시아 랭이 사진과 함께 걸어온 길을 읽을 우리 어린이들이 '마음에 담을 사랑이라는 씨앗'을 생각해 볼 수 있으면 좋겠어요. 도로시아 랭이라는 분은 한낱 '뛰어나거나 이름난' 사진작가이지 않아요. '사랑으로 꿈을 이야기하려는 따스하고 넉넉한 마음을 사진 한 장에 씨앗으로 고이 얹은' 사진작가예요. 우리 마음자리에 사랑을 심고, 우리 마음속에서 사랑을 길어올릴 수 있다면, 앞으로 새롭고 아름다운 사진작가가 태어날 수 있겠지요? 어린이 여러분, 우리 곁을 돌아봐요. 따스한 눈길이 되고 너른 눈결이 되어 가만히 살펴봐요. 우리 둘레에 누가 있나요?

'사진책도서관 숲노래' 지기
최종규

"이게 바로 진실이에요!
봐요! 봐요!"

−도로시아 랭

글 바브 로젠스톡

미국에서 태어났습니다. 어린이 책을 쓰는 작가로, 예술가와 정치인, 운동선수에 관심을 가지고 이야기를 씁니다. 쓴 책으로 교과와 연계된 프로그램을 만들어 여러 학교에서 독서 교육을 합니다. 2015년에 『소리 나는 물감 상자』로 '칼데콧 아너 상'을 받았습니다.

그림 제라드 뒤부아

프랑스에서 태어나 시각 디자인을 공부했습니다. 북미와 유럽에서 출판되는 책들에 그림을 그리며, 뉴욕일러스트레이터협회에서 네 차례 상을 받았습니다. 2013년에 『마르셀 마르소: 말 없는 배우(Monsieur Marceau: Actor Without Words)』로 미국영어교사협회에서 뛰어난 어린이 논픽션 책에 주는 '오르비스 픽투스 상'을 받았습니다.

옮김 김배경

가톨릭대학교를 졸업하고 영국 스털링대학교에서 출판학 석사 학위를 받았습니다. 교계 신문 취재 기자를 거쳐 출판사 편집자를 지내고, 지금은 '한겨레 어린이 청소년 번역가 그룹'에서 활동합니다. 옮긴 책으로는 『나는야 베들레헴의 길고양이』『지구에서 계속 살래요』『위대한 건축가 안토니오 가우디의 하루』 등이 있습니다.

추천 최종규

전남 고흥군 도화면 동백마을에 살며, '도서관학교 숲노래: 사진책도서관 +한국말사전 배움터 + 숲놀이터'를 꾸립니다. 1994년부터 한국말을 살찌우는 길을 스스로 찾아서 배웠고, 2001~2003년에 '보리 국어사전' 편집장과 자료조사부장으로 일을 했으며, 2003~2007년에 이오덕 선생님 유고·일기를 정리하는 일을 했습니다. 어린이와 청소년과 어른 모두 한국말을 슬기롭게 살려서 쓰는 길을 곱게 밝히고 싶어서 『새로 쓰는 비슷한말 꾸러미 사전』, 『10대와 통하는 새롭게 살려낸 우리말』, 『숲에서 살려낸 우리말』 같은 책을 썼고, 사진 이야기 『사진책과 함께 살기』를 썼습니다.

사진 출처

Dorothea Lange © The Dorothea Lange Collection, the Oakland Museum of California, City of Oakland. Gift of Paul S. Taylor
A67.137.40059.3: 28쪽 오른쪽 위, 목화 따는 일꾼
A67.137.38164.1: 29쪽 왼쪽 위, 노예 시절을 떠올리는 여자
A67.137.38258.1: 29쪽 왼쪽 아래, 높은 들판에 선 여자
A67.137.33001.1: 29쪽 오른쪽, 화이트 에인절 급식소

Library of Congress, Prints & Photographs Division
LC-DIG-fsa-8b29516: 28쪽 왼쪽, 이주민 어머니
LC-USF34-009435-E: 28쪽 오른쪽 아래, 미시시피 주 델타에서 흑인 아이들
LC-DIG-fsa-8b27245: 30쪽, 도로시아 랭

다큐멘터리 인물그림책은 가치를 만든 인물의 삶을 들여다봅니다. 인물이 남긴 생각이 아이들 삶 속에 스며들어 단단하게 뿌리내리기를 바랍니다.

기록하는 사진작가 도로시아 랭

진실을 보는 눈

초판 1쇄 2017년 7월 5일 | 초판 3쇄 2021년 5월 5일

글쓴이 바브 로젠스톡 | 그린이 제라드 뒤부아 | 옮긴이 김배경 | 추천 최종규
펴낸이 김찬영 | 펴낸곳 책속물고기
출판등록 제2021-000002호
주소 서울특별시 영등포구 양평로 157, 1112호
전화 02-322-9239(영업) 02-322-9240(편집) | 팩스 02-322-9243
책속물고기 카페 http://cafe.naver.com/bookinfish | 전자메일 bookinfish@naver.com

ISBN 979-11-86670-66-8 77990

이 도서의 국립중앙도서관 출판예정도서목록(CIP)은
서지정보유통지원시스템 홈페이지 (http://seoji.nl.go.kr)와
국가자료공동목록시스템(http://www.nl.go.kr/kolisnet)에서
이용하실 수 있습니다. (CIP제어번호: CIP2017012233)

 | **품명** 아동 그림책 | **제조일** 2021년 5월 5일
사용연령 8세 이상 | **제조자** 책속물고기
제조국 대한민국 | **연락처** 02-322-9239
주소 서울특별시 영등포구 양평로 157, 1112호
주의사항 종이에 베이거나 긁히지 않도록 조심하세요.
책 모서리가 날카로우니 던지거나 떨어뜨리지 마세요.
KC마크는 이 제품이 공통안전기준에 적합하였음을 의미합니다.

*이 책의 내용을 쓰고자 할 때는 저작권자와 출판사 양측의 허락을 받아야 합니다.
*잘못된 책은 바꾸어 드립니다.
*값은 뒤표지에 있습니다.